TÉCUTU

TÉCUTU

XAVIER BETETA

GRAMAXO
Editorial

ISBN: 978-0998618500

Técutu
© Xavier Beteta, 2014
© Esta Edición: Editorial Gramaxo, 2016
P.O. Box 22333
San Diego, California 92192
USA

Foto de cubierta: Detalle de la pintura
"Penitentes" de Lauro Salas

A mis padres
Dora y Luis Beteta
quienes se hicieron sociólogos
para entender nuestra tristeza

Escribí esta obra en una sola noche de septiembre de 2014, en una especie de erupción artística que antes había experimentado solamente con la composición musical. Estos poemas fueron originalmente pensados como parte de una obra musical, sin embargo algunos amigos me animaron a publicarlos como obra separada.

"Técutu" no tiene ningún significado específico, es una especie de onomatopeya que imita el sonido de la tortuga o del tun usado en las posadas en Guatemala. Cuando tenía tres o cuatro años, en la época de diciembre, corría a la ventana todos los días para ver las posadas pasar. Al no saber cómo se llamaban yo las llamaba "los tutu técutu". Es una de mis primeras memorias y al mismo tiempo constituye uno de mis primeros recuerdos musicales. Es por eso, tal vez, que esta obra se titula así, buscando nombrar lo que no sé cómo llamar: Un mundo fantástico donde se entrelazan religión, conflicto armado, tradición, superstición, desolación, agonía y otras muchas cosas.

Xavier Beteta

Amanecer en Nebaj   la neblina azulada
      el cuadro surrealista

y la iglesia
el diminuto monumento
flotando en el aire

           se abre un agujero en la pared

           el cuadro líquido fluye

                     Y de muy lejos
                       torrentes
            una ráfaga de luz violenta
                  (no es de aquí)

                       Silencio

La solitaria iglesia abandonada

tan deprimida como aquella catedral de Kafka

LA CRUZ

en ambos lados del mundo

Saudade del más allá

El tiempo abre

APARECE EL MAGO

como si alguien lo hubiera inquietado
perturbado y con siglos en los ojos

de nada nos sirven las
sonrisas y el festival

Hoy es día de superstición

La madona despeinada
con la cara cubierta de carbón
y el niño, muy serio, no señala al cielo

atrás en el telón
una mancha de sangre

La sombra del ave negra

(es un aviso —dijeron—)

el olor de basurero
el color de basurero
el dolor de basurero

y los ojos del tiempo
viendo...

En la hora novena

    el sol se oscureció

       entró el temor

          del gran campanario
          salieron los silencios

             una metralleta de silencios

               que apagaron la ciudad

La tristeza del baile.

La mujer guerrillera

                              bajo la sombra del árbol del mal

el rostro sereno

                    el verde verde
                    el pájaro serpiente

las serenatas de ventana
              (recuerdos)

                                        las notas fúnebres
                                        de un Mahler enterrado
                                        en el centro de América

Y en medio de esta angustia

los novios arrodillados
se toman las manos

la intimidad de las palabras

la elegancia de los rostros
golpeados por el amor

en la calle, ESTRUENDOS

y aquí adentro, la prueba irrefutable de la eternidad

Los pies descalzos llenos de polvo

el claroscuro del cuarto

la tinaja y el sombrero

la gran ventana como en *la vocazione di San Matteo*

y el ojo reventado por las balas

No salgás
la llorona se aparece en esa esquina

No salgás
que cuando anda lejos, anda cerca

No salgás
que te gana el alma

No salgás
que te lleva volando

No salgás

LLAMAN A LA PUERTA

La mecánica celeste

del extendido lago

las balsas lejanas

que van al otro lado

NOCHE DE ENCANTAMIENTO

los volcanes hacen el amor

así nació el Azul

Las calles de tierra

las chozas colgando

los perros callejeros

las gallinas demacradas

LOS PASOS OSCUROS

el pueblo de la neblina despierto
todos salen a las puertas y se tapan la boca
al verlos pasar

Niña de brazos cruzados
vestida de cenizas
con los ojos del mural de Bonampak
infinita mirada
que ejerce más poder sobre nosotros
que todos los ricos del mundo

El muro de las lamentaciones

tapizado con las fotos

de los desaparecidos

y las apariciones

todas rondan en la noche

lavan la ropa en el lago

esa pared de manto líquido

La vieja carreta pasa

sonando como marimba destemplada

el viejo del sombrero

sentado

siempre de espaldas

sin voltear

(dijeron que la carreta va al más allá)
(algunos lo vieron y presintieron al mago)

La ciudad empieza a iluminarse
        con la caída de la tarde
                el sentimiento sereno

caminando por esos laberintos

                la arquitectura Art Decó
                el sonido de las bocinas
                los brindis y las risas

todo es vida

pero allá, a veinte cuadras
el río nos recuerda
que los aviones se caen
(y otros desaparecen en el aire)

Caen las hojas secas
      como pedradas de granizo
            su sonido es tan fuerte
                  que ya nadie escucha nada

antes de la curva
un airecito

los grandes presentimientos

          Y al doblar:

                el estrepitoso granizo
                  lanzas verticales
      el verdadero ruido que confronta la voz interna

                      al salir
              el mundo era nuevo

El cementerio/ *como un paraninfo*

Colores verde oscuro/ *el verde verde*

Las generaciones de Moisés/ *por las avenidas de los árboles*

Pasajes de sombras/

las grandes premoniciones

Y al doblar:

.La Tumba de Kafka

Con el cuerpo lacerado
una mano y tres dedos cortados
y el rostro inundado de infinita paz
se extiende como un lienzo
en la morgue
una Crista muerta
cubierta solamente
con la dignidad de Guatemala.

Esta obra se terminó de imprimir
en diciembre de 2016